Did you Know My Mom is Awesome?

Shelley Admont
Illustrated by Amy Foster

Vous saviez que ma maman est Géniale?

www.kidkiddos.com
Copyright©2014 by S.A.Publishing ©2017 by KidKiddos Books Ltd.
support@kidkiddos.com

All rights reserved. No part of this book may be reproduced in any form or by any electronic or mechanical means, including information storage and retrieval systems, without written permission from the publisher or author, except in the case of a reviewer, who may quote brief passages embodied in critical articles or in a review.
Second edition, 2020

Translated from English by Sophie Troff
Traduit de l'anglais par Sophie Troff

Library and Archives Canada Cataloguing in Publication
Did you know my mom is awesome? (French Bilingual Edition)/ Shelley Admont
ISBN: 978-1-5259-2292-3 paperback
ISBN: 978-1-77268-157-4 hardcover
ISBN: 978-1-77268-151-2 eBook

Please note that the French and English versions of the story have been written to be as close as possible. However, in some cases they differ in order to accommodate nuances and fluidity of each language.

For those I love the most-S.A.
Pour ceux que j'aime le plus-S.A.

Did you know my Mom is awesome?
Vous saviez que ma maman est géniale ?

Well, she is! She is smart and funny, strong and patient, kind and beautiful — she's amazing!
Eh bien c'est vrai ! Elle est intelligente et drôle, forte et patiente, gentille et jolie — bref, elle est incroyable.

"Good morning, sunshine! It's time to rise!" I hear a soft whisper in my ear.

– Bonjour mon rayon de soleil ! C'est l'heure de te lever ! me murmure-t-elle tendrement.

That's my mom, waking me up.

C'est comme ça que maman me réveille.

She gives me a million gentle kisses and hugs me tight, but I still cannot open my sleepy eyes.

Elle me fait plein de bisous et de câlins, mais j'ai du mal à ouvrir mes yeux.

"Mommy, I want to sleep," I mutter quietly. "Just for one more minute, please."

Alors je marmonne :
– Maman, je veux dormir. Encore un petit peu, s'il te plaît.

She kisses me more and more, but it doesn't help.

Elle continue à me faire des bisous, mais rien n'y fait.

So she gives me a piggyback ride to the bathroom. She is so strong, my mom.

Alors elle me porte sur son dos jusqu'à la salle de bains. Elle est forte, ma maman.

She keeps kissing and tickling me until I start laughing hard.

Là, elle m'embrasse et me chatouille jusqu'à ce que j'éclate de rire.

Mom smiles. She is really beautiful. I like her dresses, her shoes, and how she does her hair.
Maman sourit. Elle est vraiment jolie. J'aime ses robes, ses chaussures et la façon dont elle se coiffe les cheveux.

"Can you make me something fancy today?" I ask, a glimmer of hope in my eyes. "The braid we saw yesterday on the TV show, can you do something like that?"
Une lueur d'espoir dans les yeux, je lui demande :
– Tu peux me faire une coiffure spéciale aujourd'hui ? La tresse qu'on a vue à la télé hier, tu peux me la faire ?

I know that she can do anything. My mom is awesome.
Je sais qu'elle peut tout faire. Ma maman est géniale.

Even if she doesn't know how to do something at first, she continues to try until she succeeds. She never gives up.
Même quand elle ne sait pas comment faire, elle essaye jusqu'à ce qu'elle réussisse. Elle n'abandonne jamais.

My Mom twirls and weaves my hair until it's a beautiful braid running behind my head.

Ma maman tortille et entrelace mes cheveux jusqu'à ce qu'une tresse magnifique orne ma tête.

I'm so thrilled to go to class with my new hair. I can already imagine my friends' reactions. I'm sure Amy will love it.
Je suis si heureuse d'aller en classe avec ma nouvelle coiffure. J'imagine déjà les réactions de mes amies. Je suis sûre qu'Amy va adorer.

"Your hairstyle is so cool! I saw the same one on TV yesterday!" Amy jumps with excitement. "Who made it?"
Amy s'extasie :
– Trop cool ta coiffure ! J'ai vu la même à la télé hier ! Qui t'a fait ça ?

"My mom!" I say proudly.
– Ma maman, je réponds fièrement.

"It's a reversed French braid!" Amy announces, after a couple of minutes. "With a twist!"
– C'est une tresse française inversée ! annonce Amy au bout de quelques minutes. Avec un nœud !

I hear other voices. "It's so cool!" "It looks complicated!" "It probably took a lot of time!"
J'entends les autres filles dire :
– C'est trop cool !
– Ça a l'air compliqué !
– Ça a sûrement demandé un temps fou !

Finally Amy asks, "Can you ask your mom to teach my mom to make this braid?"
– Tu peux demander à ta maman d'apprendre à la mienne à faire cette tresse ? me demande Amy.

"Sure! She…" I start to say, but the bell interrupts me and Mr. Z enters the class.
– Bien sûr ! Elle…
Je suis coupée dans mon explication par la cloche qui sonne et l'arrivée de Monsieur Z. dans la classe.

"We are going to learn about fractions," says Mr. Z, while filling the board with strange drawings.
– Nous allons étudier les fractions, dit Monsieur Z. en noircissant le tableau d'étranges signes.

Why is it so complicated? Halves, thirds and fourths … my head is going to explode.
Pourquoi c'est si compliqué ? Demi, tiers et quart… ma tête va exploser.

I don't give up though; I ask questions, exactly like my mom would do.
Je ne renonce pas ; je pose des questions, exactement comme ma maman le ferait.

Mr. Z explains one more time and after, he shows us a fun video about fractions.
Monsieur Z. explique une nouvelle fois, il nous montre une vidéo amusante sur les fractions.

"Next, we'll play a game," he announces. "We'll find fractions in our classroom."
– Maintenant, on va faire un jeu, annonce-t-il. On va trouver des fractions dans la classe.

I think I understand fractions much better now, but I still don't feel comfortable with all these strange numbers.

Je comprends bien mieux les fractions désormais, mais je ne me sens pas encore à l'aise avec ces nombres bizarres.

At recess Amy and I run to our favorite place to play. The monkey bars! I love to climb up and hang upside-down.

À la récréation, Amy et moi, on rejoint notre endroit préféré pour jouer : la cage à écureuil. J'adore grimper et me suspendre tête en bas.

But today on my way to the monkey bars, somehow my jeans get caught in a bush and tear right on my knee.

Mais aujourd'hui, en allant vers le portique, je m'accroche à un buisson et mon jean se déchire au genou.

I almost burst into tears. "These are my favorite pair of jeans. Look, the tear is huge."

Je suis au bord des larmes.
– C'est mon jean préféré. Regarde, il a un énorme trou.

Finally I'm home and Mom's back from work. She always understands what I feel.
Finalement, je rentre à la maison et maman revient du travail. Elle comprend toujours ce que je ressens.

"How was your day, sweetie?" her voice full of care. She wraps me in her arms and continues asking questions until I share everything with her.
– Tu as passé une bonne journée, ma chérie ? demande-t-elle, attentionnée. Elle me prend dans ses bras et continue à me poser des questions jusqu'à ce que je lui raconte tout.

I spill to her all about fractions, the tear in my jeans and how frustrated I feel.
Je lui parle de l'enfer des fractions, de mon jean déchiré et de ma boule au ventre.

Mom always finds a solution to any problem.
Maman trouve toujours une solution à tous les problèmes.

"What shape do you want to cover your tear? Heart or star?" Of course I choose a large pink heart.
– Tu préfères quel motif pour masquer le trou ? Un cœur ou une étoile ? dit-elle.
Évidemment, je choisis un gros cœur rose.

She sews a heart-shaped patch over the hole on my torn jeans, so no one will notice the hole underneath. How cool is that?
Alors elle coud une pièce en forme de cœur sur mon jean déchiré, afin que personne ne remarque qu'il est troué. C'est pas cool, ça ?

"Oh, thank you, Mommy," I exclaim happily. "These jeans look so fancy now. Let's put another patch here!"
– Oh, merci maman, je m'exclame joyeusement. Mon jean est trop classe maintenant. Viens, on coud un autre cœur ici !

We work together and design my new cool outfit.
Ensemble, nous confectionnons ma nouvelle tenue.

We sew two smaller heart patches on my jeans and one larger heart on my T-shirt.
Nous cousons deux petits cœurs sur mon jean et un plus grand sur mon T-shirt.

"Look, now you have new jeans and a matching T-shirt," she says.
– Regarde, maintenant tu as un nouveau jean et le T-shirt assorti, dit-elle.

"Mom, you're my heroine!" I announce, hugging her tight. We both start laughing loudly.
– Maman, tu es mon héroïne, lui dis-je, en la serrant dans mes bras. Et là, on éclate de rire toutes les deux.

Then she pulls me into the kitchen. "It's a time for something sweet. Let's make a mug cake. But we need to use fractions in order for this to work."
Puis elle m'entraîne dans la cuisine.
– C'est l'heure des douceurs. On va faire des cupcakes. Mais il va falloir utiliser des fractions pour les réussir.

"Don't be afraid," Mom says softly. "We'll make it together."
– N'ai pas peur, dit doucement maman. On va les faire ensemble.

I take a deep breath and open Mom's big cooking book.
J'inspire à fond. Maman ouvre son grand livre de cuisine.

"For one mug cake you'll need a quarter cup of flour," I read.
Je lis :
– Pour un cupcake, il faut un quart de tasse de farine.

When the evening comes, Mom tucks me in my bed, covers me with my butterfly blanket and says, "I love you, pumpkin."
Le soir venu, Maman me met au lit, me borde dans ma couverture papillon et dit :
– Je t'aime, ma puce.

"I love you, Mommy," I whisper with a big yawn fluttering my eyes shut.
– Je t'aime, maman, je chuchote dans un grand bâillement, en fermant les yeux.

I wake up in the morning, because I feel warm kisses on my face and hear a gentle voice: "Good morning, sweetie. It's time to rise and shine."

Je me réveille le lendemain matin parce que je sens des baisers tout doux sur ma joue et j'entends sa voix si gentille :
– Bonjour mon rayon de soleil ! C'est l'heure de te lever et de briller !

My eyes are still closed but I feel her near me.

J'ai les yeux fermés, mais je la sens près de moi.

I love my mom. She's awesome. When I grow up, I want to be exactly like her!
J'aime ma maman. Elle est géniale. Quand je serai grande, je veux être exactement comme elle !

And guess what? Your mom is awesome too. Make sure to give her a hug to let her know how amazing she is!
Et devine quoi ? Ta maman est géniale, elle aussi. Fais-lui vite un gros câlin pour lui montrer à quel point elle est incroyable !